Benny Blu®

Reiten

Sicher im Sattel

Text von Kerstin Schopf

Illustriert von Frithjof Spangenberg

Für Theresa März aus Batzhausen,
die gerne wissen wollte,
welche Gangarten ein Pferd beherrscht

www.BennyBlu.de

Benny Blu auf dem Reiterhof

Heute begleitet Benny Blu seine Freundin Lena zur Reitstunde. Sie lernt seit einem halben Jahr reiten. Einmal in der Woche hat sie Unterricht.

In der Reithalle steht eine Tribüne für die Zuschauer. Von dort aus beobachtet Benny seine Freundin. Er ist begeistert. Lena kann schon gut reiten. Bei ihr sieht alles ganz leicht aus.

Lena übt mit anderen Reitschülern bestimmte Figuren. Der Reitlehrer gibt das Kommando – mal langsam, mal schnell. Einmal galoppieren sie sogar! Benny Blu ist beeindruckt.

Nach der Reitstunde bringt Lena das Pferd in die Stallgasse. Sie nimmt den Sattel herunter. „Das hat ja toll ausgesehen!“, findet Benny. „Bekommt das Pferd jetzt eine Belohnung?“

„Klar! Willst du ihm auch etwas geben? Halte es auf der flachen Hand hin!“, erklärt Lena. Sie gibt Benny einen Apfel für das Pferd. Mutig streckt er die Hand aus.

„Huch, das kitzelt ja!“ Benny will alles über das Reiten wissen: Seit wann reiten Menschen auf Pferden? Welche Gangarten gibt es? Wie lernt man reiten? Und was braucht man dazu?

Gefährten des Menschen

Der Mensch zähmte das Pferd vor etwa 5.000 Jahren. Er nutzte es auch bald als Reittier. Pferde spielten eine wichtige Rolle in der Geschichte.

Kaiser Mark Aurel

Berühmte Reiter

Hoch zu Pferde zogen die gefürchteten Mongolen durch Asien. Sie eroberten im 13. Jahrhundert ein riesiges Weltreich.

Adlige Reiter

Im Mittelalter war das Pferd für die adligen Ritter sehr wichtig. Es zeigte den Reichtum und die Macht des Besitzers.

Glanzvoll

Seit 1572 gibt es in Wien die Spanische Hofreitschule. Mit der edlen Pferderasse Lippizaner lehrt man dort die Kunst des Reitens.

Indianer und Cowboys

Die Europäer brachten die Pferde zu den Indianern nach Amerika. Einige nutzten Pferde beim Ackerbau. Andere ritten auf ihnen bei der Bisonjagd.

Cowboys zogen oft wochenlang mit ihren Rinderherden umher. Deshalb hatten sie einen besonders großen, bequemen Sattel.

Reitsport – eine lange Tradition

Das älteste Reitturnier ist schon mehr als 2.500 Jahre alt. Dabei mussten die Teilnehmer komplizierte Figuren reiten.

Reiter beim Trojaspiel im Alten Rom

Große Auswahl

Sportliche Wettkämpfe mit Pferden gibt es auch heute noch. Man unterscheidet viele Sportarten wie Dressur- und Springreiten oder Galopprennen.

Was ist Reiten?

Auf dem Rücken eines Tieres sitzt ein Mensch. Er gibt dem Tier Kommandos. Das bezeichnet man als Reiten.

Anstrengend

Der Reiter passt sich dabei den Bewegungen des Tieres an. Das kann ganz schön schweiß-treibend sein!

Benny Blu Wissens-Tipp

Reiten ist gesund! Es ist gut für deine Haltung, stärkt deine Ausdauer und hält dich fit!

Schritt, Trab und Galopp

Jedes Pferd beherrscht drei Grundgangarten: Schritt, Trab und Galopp.

Schritt

Diese ruhige Gangart ist für Anfänger am einfachsten. Das Pferd schreitet langsam vorwärts.

Trab

Er ist etwas schwungvoller. Immer ein diagonales Beinpaar stößt sich gleichzeitig vom Boden ab. Zum Beispiel rechts vorne und links hinten.

Galopp

Das Pferd bewegt sich springend vorwärts. Alle Füße sind kurz gleichzeitig in der Luft.

Tölt

Islandponys können Tölt gehen – eine Gangart zwischen Schritt und Trab.

Pass

Der Pass ist ziemlich schnell. Das Pferd scheint dabei fast zu fliegen. Die Rasse Paso Peruano beherrscht ihn.

Paso Peruanos

Missouri Foxtrotter

Foxtrott

Das Pferd geht mit den Vorderfüßen und trabt mit den Hinterfüßen. Das spart Kraft. Missouri Foxtrotter laufen diese Gangart.

Ausstattung für das Pferd

Trense

Eine Trense unterteilt man in Gebissstück und Kopfstück. Das Kopfstück besteht aus Stirnband, Kehlriemen und Nasenriemen.

Sattel

Zum Sattel gehören Sitzfläche, Sattelblatt und Sattelpolster. Mit dem Sattelgurt schnallt man ihn fest. Die Steigbügel helfen aufzusteigen.

Das Pferd wird ausgebildet

Das Fohlen gewöhnt sich langsam an die Führleine. Mit drei Jahren beginnt die Grundausbildung. Das Pferd lernt zuerst die drei Grundgangarten.

Aufsatteln

Als nächstes legt man Trense und Sattel auf. Akzeptiert das Pferd sie, kann es losgehen!

Die richtige Ausrüstung

Das Wichtigste für den Reiter ist die Kappe (1). Sie schützt den Kopf bei einem Sturz.

Jacke (2) und Hose (3) sind so gefertigt, dass nichts scheuert.

Handschuhe (4) schützen die Hände vor Blasen.

Reitstiefel (5) geben Halt.

Benny Blu Wissens-Tipp

Für den Anfang genügen Kappe, feste Schuhe und eine bequeme Hose.

Kleine Hilfen

Die Gerte ist etwa einen Meter lang. Mit einem kleinen Klaps unterstützt der Reiter seine Kommandos.

Sporen

Sie werden an den Reitstiefeln befestigt. Geübte Reiter können damit ihre Kommandos verfeinern.

Benny Blu Verhaltens-Tipps

Beachte in der Reithalle Folgendes:

- Pferde sind schreckhaft. Also verhalte dich im Stall und in der Reithalle ruhig.

- Streichle im Stall keine fremden Pferde. Du weißt nicht, ob eines krank ist.

- Pferde lieben kleine Belohnungen. Frische Karotten und Äpfel mögen sie besonders.

Pferdepflege – Das Putzzeug

Vor jedem Reit-Ausflug putzt du dein Pferd. Du brauchst Striegel, Kardätsche, Wurzelbürste, einen weichen Lappen und den Hufkratzer.

Kardätsche

Lappen

Wurzelbürste

Striegel

Hufkratzer

Mit dem Striegel entfernst du groben Schmutz. Den Staub bürstest du mit der Kardätsche aus dem Fell. Zwischendurch musst du sie am Striegel abputzen.

Von Kopf bis Fuß

Zum Kämmen von Mähne und Schweif nimmst du die Wurzelbürste. Mit dem Lappen putzt du den Kopf. Die Hufe reinigt man mit dem Hufkratzer.

Die Lösung findest du auf Seite 32!

Benny Blu Wissensfrage

Jedes Pferd beherrscht die drei Grundgangarten. Weißt du noch, wie sie heißen?

- A Trab
- B Tölt
- C Schritt
- D Galopp
- E Foxtrott

Viele Sportarten für Pferd und Reiter

Das Dressurreiten bildet die Grundlage für alle anderen Pferdesportarten. Dabei müssen sich Pferd und Reiter gut verstehen.

Bei der Dressurübung „Piaffe“ trabt das Pferd auf der Stelle. Es bewegt sich nicht vorwärts.

Springreiten

Pferd und Reiter überwinden eine Hindernisbahn. Wer eine Stange herunterwirft, bekommt Fehlerpunkte.

Die höchsten Hindernisse sind bis zu 160 cm hoch.

Vielseitigkeitsreiten

Dazu gehören drei verschiedene Disziplinen: Dressurprüfung, Geländereiten und Springreiten.

Benny Blu Zwischenfrage

Weißt du noch, welches Kleidungsstück bei der Reitausrüstung am wichtigsten ist?

Wanderreiten

In Gruppen machen die Reiter wochenlange Ausflüge mit ihren Pferden.

Jagdreiten

Die Jagdgesellschaft verfolgt eine bestimmte Fährte. Bei einer Schnitzeljagd legt ein Reiter mit Papierschnitzeln eine Spur für Verfolger.

Pferderennen

Es gibt zwei Arten von Galopprennen. Bei Flachrennen müssen Pferde und Reiter eine bestimmte Strecke auf der Bahn zurücklegen. Hürden sind beim Hindernisrennen eingebaut.

Polo

Zwei Mannschaften spielen gegeneinander. Sie versuchen, den Ball ins gegnerische Tor zu bringen. Dazu hat jeder Spieler einen Schläger.

Benny Blu Wissens-Tipp

Außer Polo gibt es noch andere Reiterspiele.

Ringe treffen

An Schnüren hängen Ringe. Der Reiter hat einen Stock in der Hand. Mit ihm versucht er, die Ringe zu treffen.

Zwillingsreiten

Zwei Reiter mit Pferd laufen genau nebeneinander. Sie halten ein Papierband. Es darf nicht reißen. Das Paar, das es am längsten schafft, hat gewonnen.

Mit Pferden arbeiten

Weißt du schon, was du mal werden willst?
Es gibt schöne Berufe mit Pferden.

Pferdewirt

Als Pferdewirt lernst du, wie man Pferde züchtet und pflegt. Später kannst du sogar einen Reiterhof oder ein Gestüt leiten.

Reitlehrer

Sie wissen alles über das Reiten. Reitlehrer unterrichten Anfänger. Sie bereiten auch Profis auf Turniere vor.

Benny Blus kleines „Reiter-ABC"

Benny Blu erklärt dir hier die wichtigsten Begriffe für Reiter.

Gerte = eine kleine Reitpeitsche. Damit unterstützt der Reiter seine Kommandos.

Gangarten = Schritt – Trab – Galopp

Hufschlag = Spur, auf der alle reiten

Longe = lange Leine, an der das Pferd im Kreis geht

Wertvolle Pferde im Orient

Araber gelten als edelste Pferderasse der Welt. In Dubai laufen die teuren Tiere regelmäßig Rennen.

Benny Blu Pferdepflege-Rätsel

Benny Blu hat das Putzzeug etwas durcheinander gebracht. Kannst du ihm helfen? Welche Sachen gehören nicht zum Putzzeug?

Benny Blu Besondere Ritte

Friedensreiter

Nach dem 30-jährigen Krieg wurden berittene Boten ausgesandt. Sie brachten die Nachricht des Friedens in die Städte Europas.

Leonhardi-Ritt

In vielen Orten in Bayern findet jedes Jahr am 6. November der Leonhardi-Ritt statt. Zu Ehren des heiligen Leonhard bilden Reiter eine Prozession zu einer Kirche.

Andreas Hinkel

Ralf Zacherl

Lukas Koch

Thomas Bug

Prominente Autoren

Viele prominente Autoren geben ihr Sachwissen gerne weiter. Zusammen mit Benny Blu setzen sie sich regelmäßig für Kinder in schwierigen Lebenssituationen ein.

Henry Maske

Nina Ruge

Walter Röhrl

Christian Häckl

Kein Benny Blu Buch verpassen!

Wer kein Benny Blu Buch verpassen will, nutzt den **Benny Blu Newsletter-Service.** Mehr Infos unter www.BennyBlu.de.

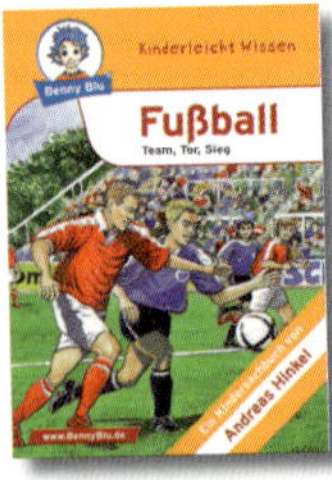

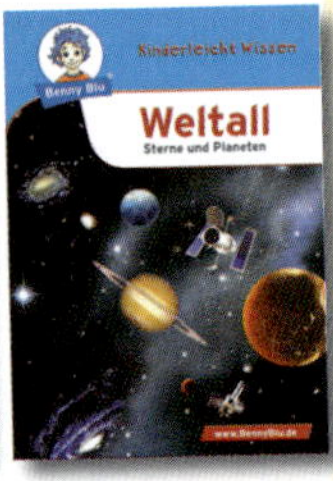

Bereits erschienen:

Adler – Könige der Lüfte
Ägypten – Leben am Nil
Altes Rom – Soldaten, Götter, Spiele
Autos – Vom Dampfwagen zum Flitzer
Babys – Das Leben beginnt
Bauernhof – Leben auf dem Land
Benehmen – Bitte, danke, gern geschehen
Bienen – Fleißige Honigmacher
BRD – So ist sie aufgebaut
Bücher – So werden sie gemacht
Christentum – Der Glaube an Jesus
Delfine – Schlaue Schwimmer
Dinosaurier – Faszinierende Urtiere
Eichen – Vom Samen zum Baumriesen
Eisbären – Raues Leben in der Arktis
Eisenbahn – Von der Pferdebahn zum ICE
Elefanten – Dickhäuter mit Rüssel
Erde – Unser Lebensraum
Fernsehen – Filmen, senden, gucken
Feuerwehr – Löschen, retten, bergen, schütz
Flugzeuge – Vom Gleiter zum Airbus
Frösche – Quakkonzert am Teich
Fußball – Team, Tor, Sieg
Gefühle – Verstehen und damit umgehen
Gehirn – So denken wir
Gemüse – Bunte Fitmacher
Getreide – Vom Korn zum Brot
Glas – Stoff mit Durchblick
Gorillas – Große Menschenaffen
Haie – Scharfsinnige Jäger
Handy – Telefone und Funklöcher
Hausbau – Von der Planung zum Einzug
Hecke – Bäume, Sträucher, Tiere
Heilpflanzen – Blüten, Tee und Zauberkraft
Hunde – Freunde der Menschen
Igel – Stachlige Urtiere
Indianer – Wigwam und Büffeljagd
Kaninchen – ... und Hasen
Kartoffeln – Lecker und gesund
Katzen – Schnurren oder kratzen
Kino – Wie die Bilder laufen lernen
Körper – So funktioniert er
Kolumbus – Entdeckung der Neuen Welt
Krankenhaus – Schnell wieder gesund
Landschildkröten – Lebende Urtiere
Lerntipps – Leichter lernen
Löwen – Mächtige Raubkatzen

Meisen – Geschickte Gartenvögel
Mensch – So hat er sich entwickelt
Milch – Vom Euter bis zur Flasche
Ostern – Das Fest der Freude
Papageien – Bunt und gesellig
Pferde – Schön, schnell und stark
Pilze – Vielseitig und nützlich
Piraten – Räuber der Meere
Polizei – Hilfe, Schutz, Verbrecherjagd
Radio – Senden und empfangen
Raumfahrt – Reisen ins All
Reiten – Sicher im Sattel
Ritter – Lanze, Ross und Reiter
Schiffe – Segelschiffe, Dampfer, Frachter
Schlangen – Züngeln, schlängeln, zischen
Schmetterlinge – Von der Raupe zum Falter
Schokolade – Süßes vom Kakaobaum
Sport – Olympisch fit und fair
Strom – Unsichtbare Energie
Tannen – Immergrüne Nadelbäume
Teich – Zwitschern, zirpen, quaken
Tiger – Gestreifte Großkatzen
Verkehr – Sicher auf der Straße
Vulkane – Feuer speiende Berge
Wald – Mehr als nur Bäume
Wasser – Aus der Quelle ins Glas
Weihnachten – Das Fest der Liebe
Weltall – Sterne und Planeten
Wetter – Regen, Wolken, Sonnenschein
Wiese – Blumen, Gräser und Tiere
Wikinger – Raues Seefahrervolk
Zähne – Starke Beißer
Zeit – Messbar, aber nicht zu fassen
Zucker – Aus der Rübe in die Tüte

... und viele weitere Titel.

Alle Lösungen auf einen Blick

Damit du die Lösungen lesen kannst,
musst du das Buch drehen.

Von Seite 19:

Benny Blu Wissensfrage

Genau!
A, C und D sind richtig!

Von Seite 21:

Benny Blu Zwischenfrage

Gut gemerkt!
Am Wichtigsten ist die Reitkappe!

Von Seite 27:

Benny Blu Pferdepflege-Rätsel

Sehr gut aufgepasst!
Der Spiegel, der Wischmopp und die Schuhcreme gehören natürlich nicht zum Putzzeug für das Pferd.